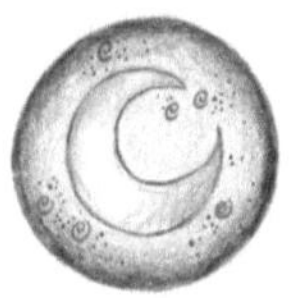

Nicole Schäufler

In der Regel wunderbar

Ein zauberhafter Menstruationskalender für alle Mädchen, die ihren Körper neu entdecken

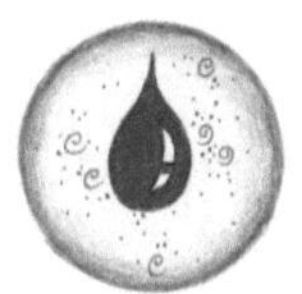

Inhalt

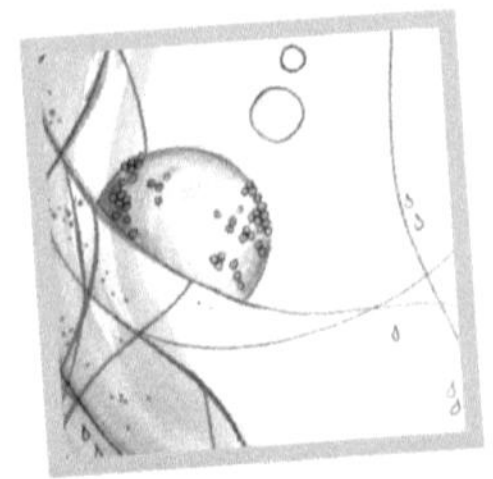

    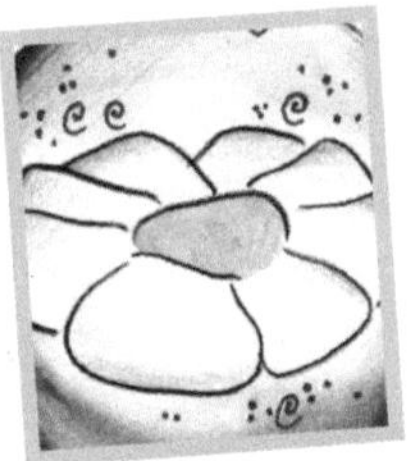

Für alle Mädchen
und für dich:

Dieses Buch begleitet dich auf deinem
Weg vom Mädchen zur Frau.

Wenn deine Regel zum ersten Mal einsetzt, kannst du in diesem Buch alles Wichtige eintragen. Nicht nur einfach das Datum, sondern auch, wie du dich fühlst und was dir durch den Kopf geht.

Und noch besser:

Du kannst deine Gefühle und Gedanken auch aufmalen. Viele Ausmal-Bilder bieten Platz für deine Phantasie. Sie haben alle einen „weiblichen" Inhalt.

So kannst du deine neuen Erfahrungen
mit der Regel auch kreativ umsetzen.

Drei Tipps
für dich

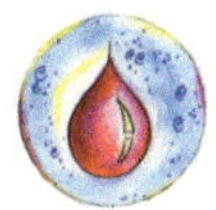

1. Male mit Rot.

Benutze die Farbe in jedem Bild irgendwo. So gewöhnst du dich schnell und leicht an den intensiven roten Ton.

2. Male Dinge dazu.

Zeichen, Symbole, Gegenstände – was immer dich beschäftigt, darf ins Bild mit hinein.

3. Male nur für dich.

So sanft oder so wild, wie du dich fühlst. Deine Stimmung bestimmt den Stil. So macht es auch am meisten Spaß.

Einen guten Start für dich in das erste Jahr mit deiner Regel!

1. Einmal ist immer das erste Mal

Nun ist es so weit, zum ersten Mal hast du deine Regel.

Wie aufregend! Wie wunderbar! Alles, alles Gute für dich an diesem besonderen Tag.

Du bist sicher überrascht: Gerade heute! Tausend Gedanken und Gefühle schwirren durch deinen Kopf. Das geht allen Mädchen so. Sei einfach stolz und freue dich. Probiere den Hygiene-Artikel aus, der dir am besten erscheint. Und erzähle die Neuigkeit natürlich deiner Mutter und besten Freundin.

Sie werden sich mit dir freuen.

___ . ___ . 20___ bis ___ . ___ . 20___

Monat		1	2	3	4	5	6	7	8	9
10	11	12	13	14	15	16	17	18	19	20
21	22	23	24	25	26	27	28	29	30	31

Das ist mir aufgefallen: ______________________________

____

____

So habe ich mich gefühlt: ______________________________

____

____

Das hat gut geklappt: ______________________________

____

____

Diesen Tipp würde ich einer Freundin geben: ______________

____

Außerdem: ______________________________

____

Notizen

für diesen Monat

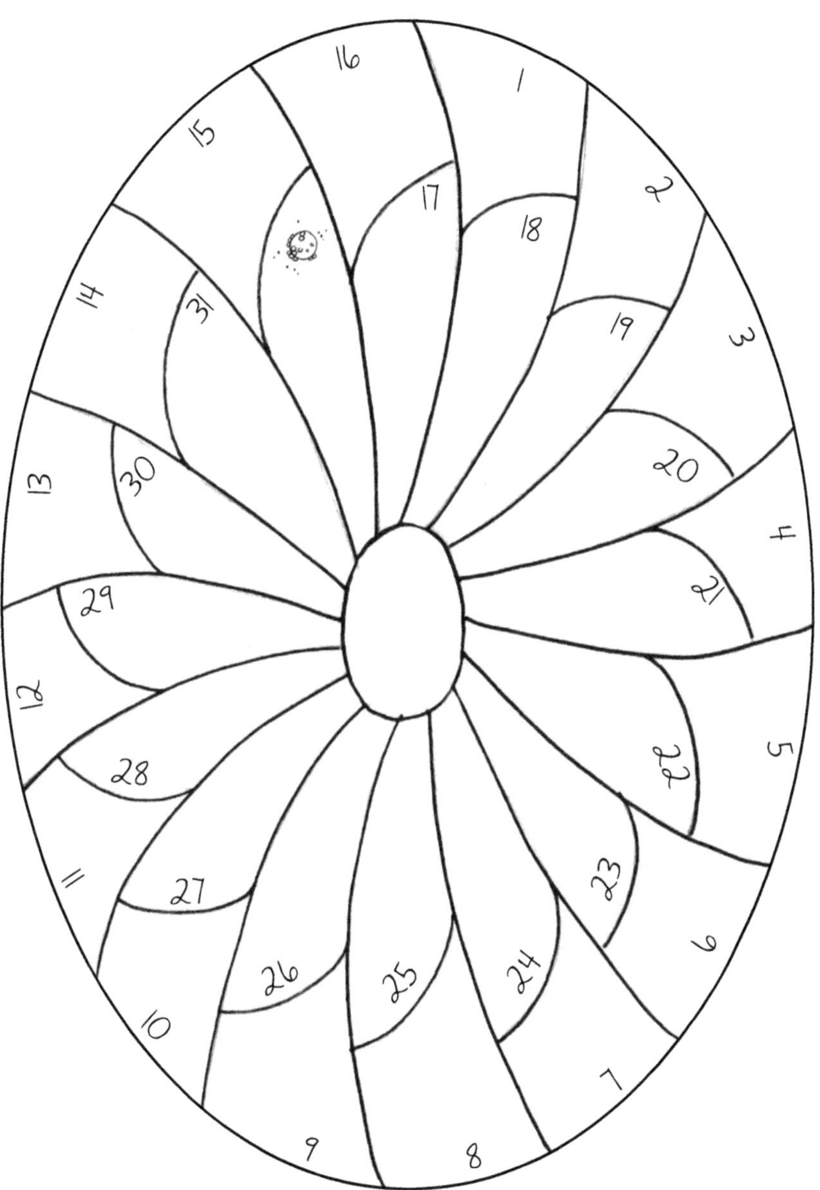
16
1
15
17
2
18
14
31
19
3
30
20
13
4
21
29
12
22
5
28
11
27
23
6
26
25
24
10
7
9
8

2. Komm ich heut´ nicht, komm ich morgen

Deine zweite Regel hält sich vielleicht nicht ganz an den Zeitplan.

Dein Körper muss sich erst auf den neuen Rhythmus einstellen. Sei also nicht beunruhigt, wenn du etwas warten musst. Das ist normal.

Dafür bist du diesmal sicher nicht mehr ganz so aufgeregt. Die ersten Erfahrungen hast du ja bereits gesammelt. Bald wirst du dich gut auskennen und zum Beispiel wissen, wann deine Regel stärker oder schwächer ist.

Das hilft im Alltag sehr.

___ . ___ . 20___ bis ___ . ___ . 20___

Monat		1	2	3	4	5	6	7	8	9
10	11	12	13	14	15	16	17	18	19	20
21	22	23	24	25	26	27	28	29	30	31

Abstand zur vergangenen Regel: ____ Tage

Das ist mir aufgefallen: ______________________

____

____

So habe ich mich gefühlt: ______________________

____

____

Das hat gut geklappt: ______________________

____

____

Diesen Tipp würde ich einer Freundin geben: ______________________

____

Außerdem: ______________________

____

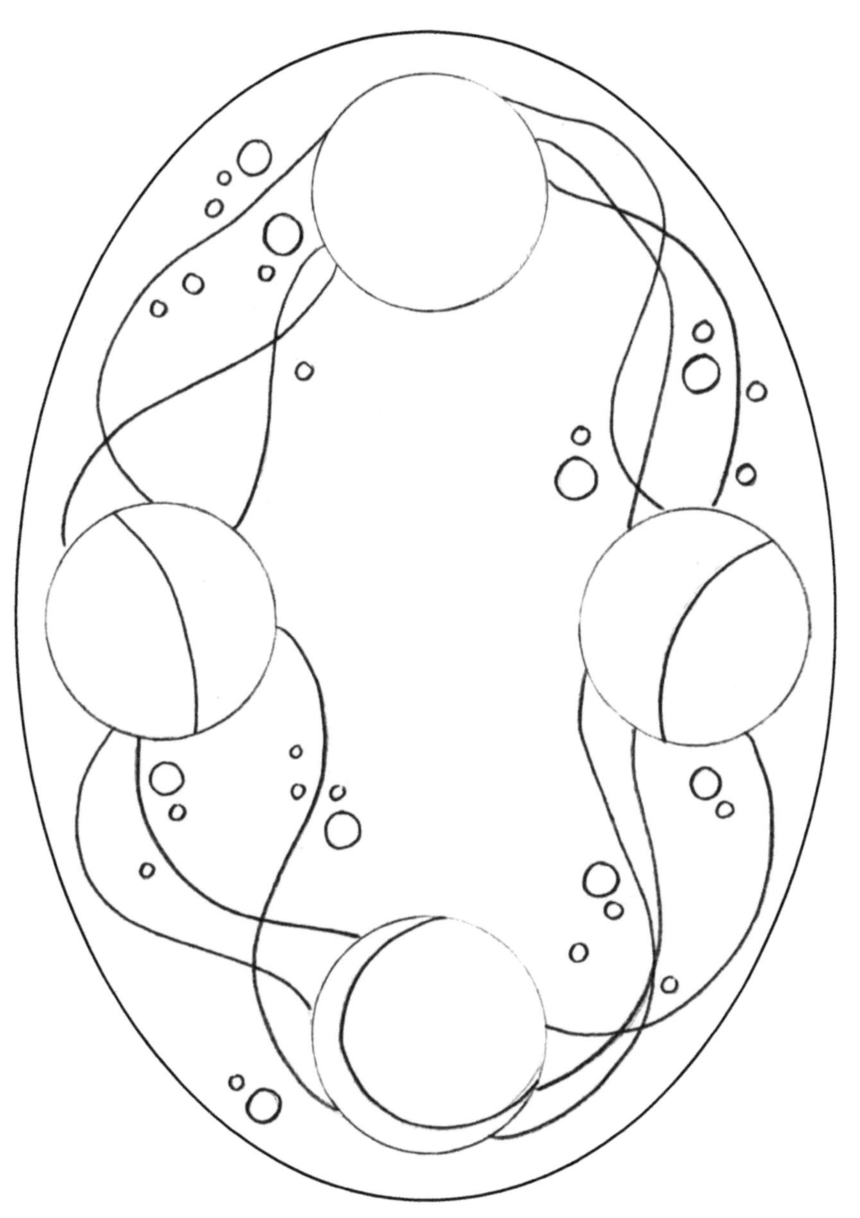

Notizen

für diesen Monat

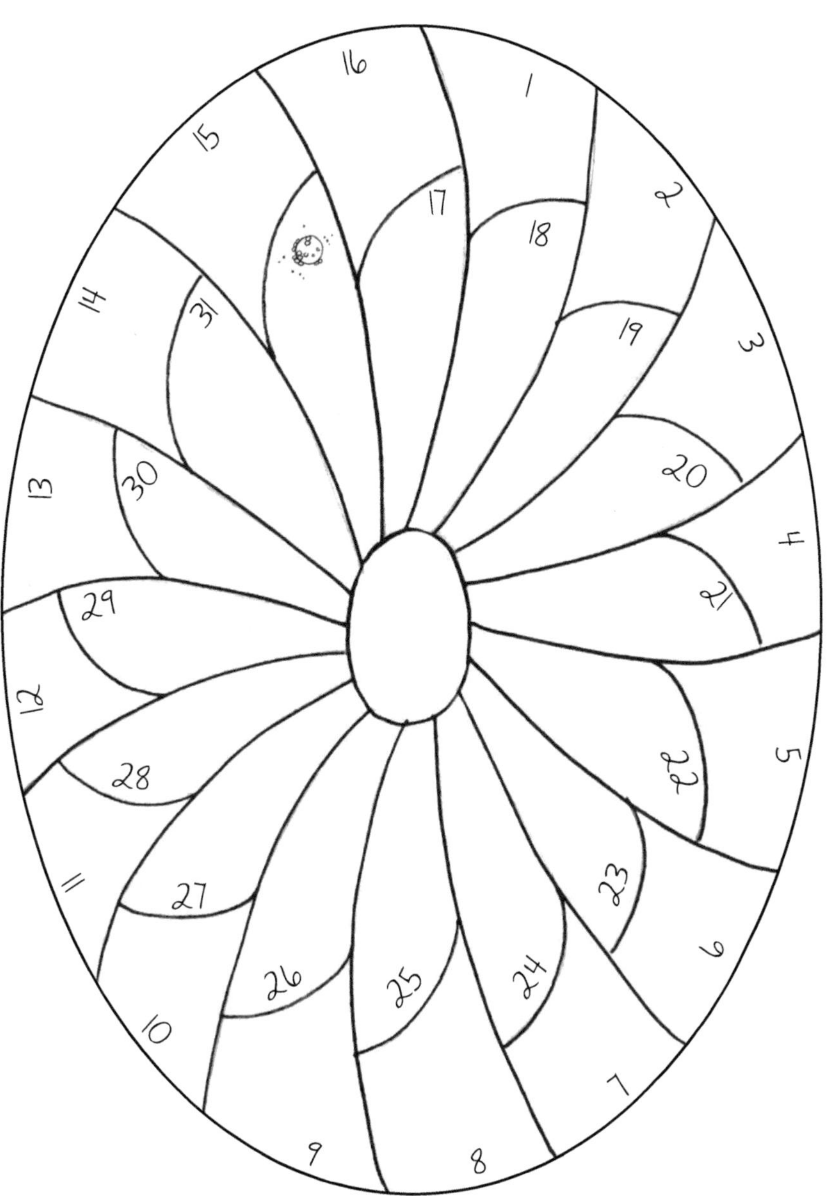

3. Aller guten Dinge sind drei

Die Zahl 3 galt früher als Glückszahl.

„Aller guten Dinge sind drei", sagte man. Das kannst du nun ruhig auch auf dich beziehen. Deine dritte Regel zeigt dir: Die Monatsblutung kommt immer wieder, sie ist nun „die Regel" im wahrsten Sinne des Wortes.

Du kannst das dritte Mal wie ein kleines Jubiläum feiern. Gönne dir etwas Schönes, geh Eis essen oder kauf dir einen neuen Nagellack.

Deine beste Freundin kommt bestimmt gern mit.

Monat		1	2	3	4	5	6	7	8	9
10	11	12	13	14	15	16	17	18	19	20
21	22	23	24	25	26	27	28	29	30	31

Abstand zur vergangenen Regel: _____ Tage

Das ist mir aufgefallen: ______________________________

____

____

So habe ich mich gefühlt: ______________________________

____

____

Das hat gut geklappt: ______________________________

____

____

Diesen Tipp würde ich einer Freundin geben: ______________

____

Außerdem: ______________________________________

____

Notizen

für diesen Monat

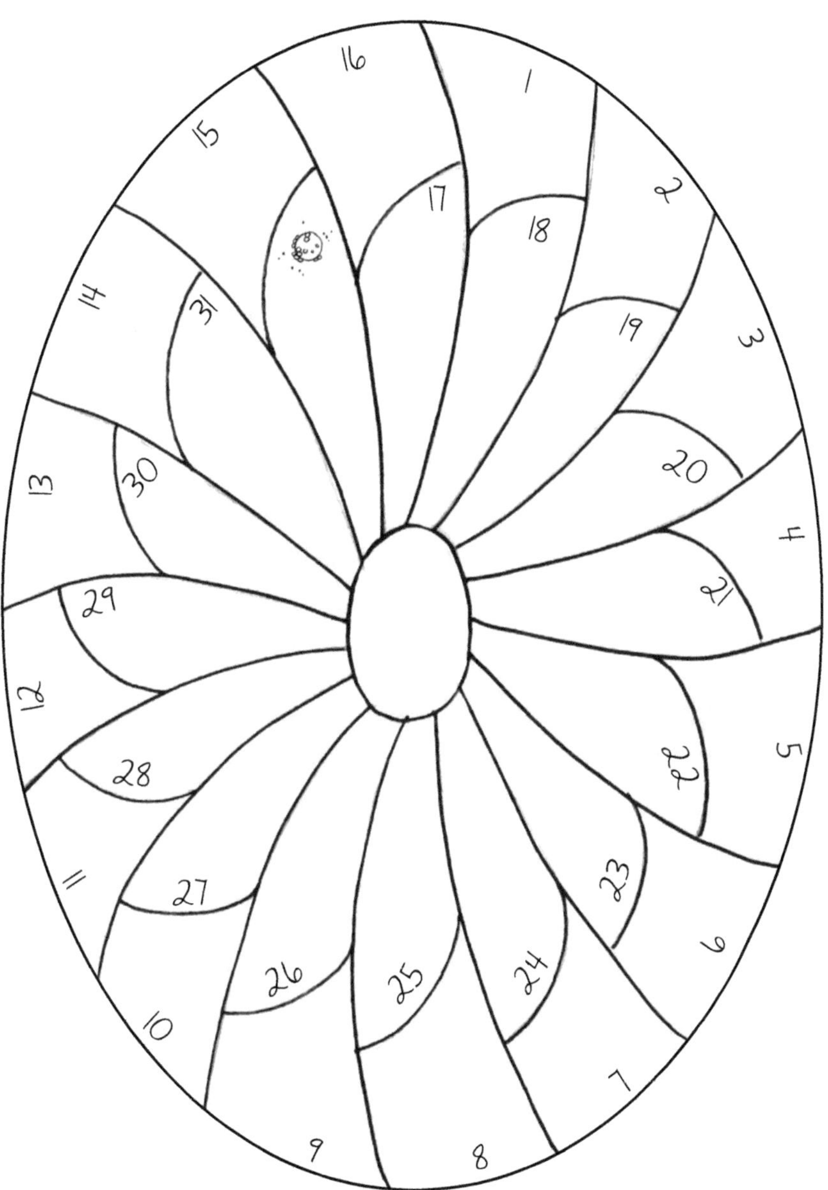
1
2
3
4
5
6
7
8
9
10
11
12
13
14
15
16
17
18
19
20
21
22
23
24
25
26
27
28
29
30
31

4. Übung macht die Meisterin

Inzwischen hast du viel gelernt,
was in der Praxis wichtig ist.

Welche Hygiene-Artikel sind wirklich hilfreich? Wie verwende ich sie? Welche Unterwäsche ist praktisch für mich?

Lass dich von kleinen Missgeschicken nicht beirren. Jedes Mädchen stellt irgendwann fest: „Oh je, nicht früh genug gewechselt!" Davon geht die Welt nicht unter. Die Wäsche einfach möglichst rasch mit kaltem Wasser ausspülen.

Und Ersatz in der Tasche ist
immer sehr beruhigend.

___ . ___ . 20___ bis ___ . ___ . 20___

Monat		1	2	3	4	5	6	7	8	9
10	11	12	13	14	15	16	17	18	19	20
21	22	23	24	25	26	27	28	29	30	31

Abstand zur vergangenen Regel: _____ Tage

Das ist mir aufgefallen: ______________________________

____

____

So habe ich mich gefühlt: ______________________________

____

____

Das hat gut geklappt: ______________________________

____

____

Diesen Tipp würde ich einer Freundin geben: ______________

____

Außerdem: ______________________________

____

Notizen

für diesen Monat

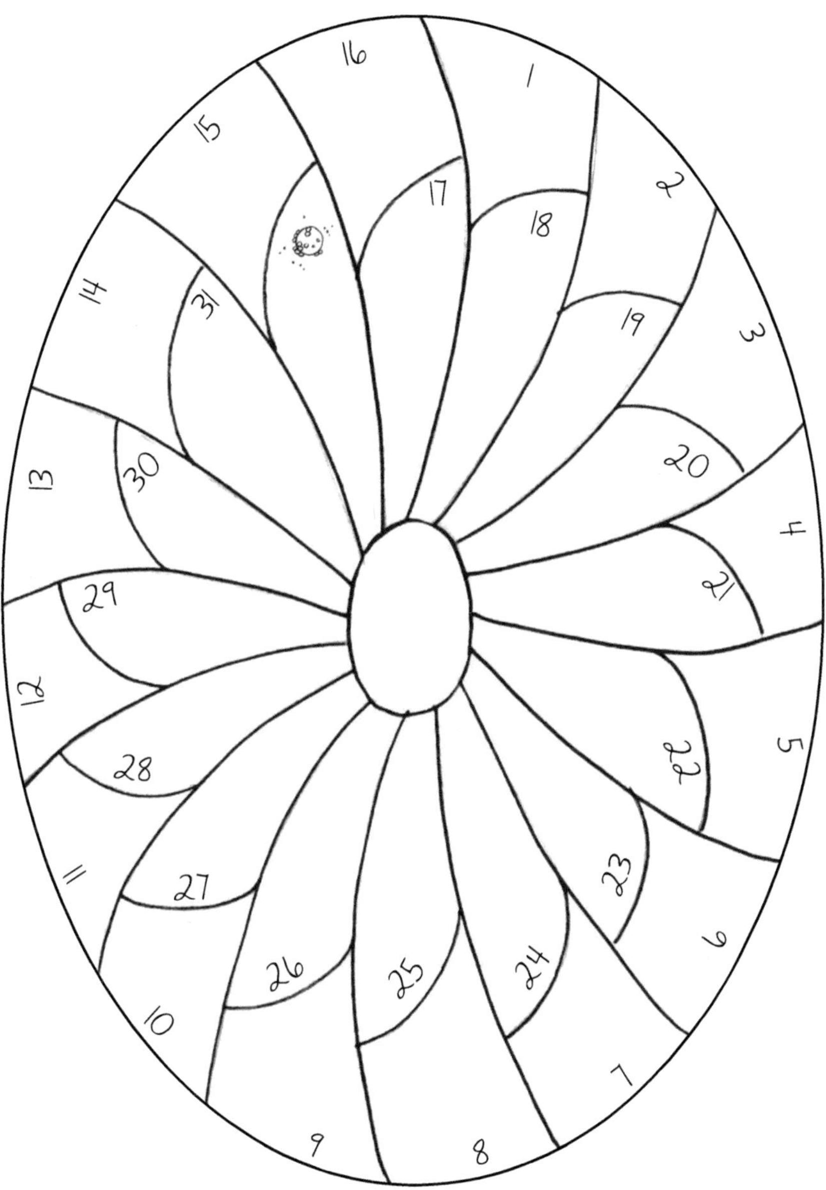

5. Kleider machen Leute

Viele Mädchen und Frauen wählen ihr Outfit nach ihrer Lust und Laune aus.

„Heute am liebsten etwas Helles, Zartes" oder „Heute brauche ich etwas Auffälliges". Auch deine Regel kann deine Stimmung beeinflussen.

Damit du dich in deiner Kleidung wohl fühlst, sollte sie bequem sein und gut sitzen. Das gilt vor allem für die Unterwäsche, je nachdem, welche Hygiene-Artikel du verwendest.

Dein Outfit sollte dich entlasten, nicht belasten.

___ . ___ . 20___ bis ___ . ___ . 20___

Monat		1	2	3	4	5	6	7	8	9
10	11	12	13	14	15	16	17	18	19	20
21	22	23	24	25	26	27	28	29	30	31

Abstand zur vergangenen Regel: ______ Tage

Das ist mir aufgefallen: ______________________________

____

____

So habe ich mich gefühlt: ______________________________

____

____

Das hat gut geklappt: ______________________________

____

____

Diesen Tipp würde ich einer Freundin geben: ______________

____

Außerdem: ______________________________________

____

Notizen

für diesen Monat

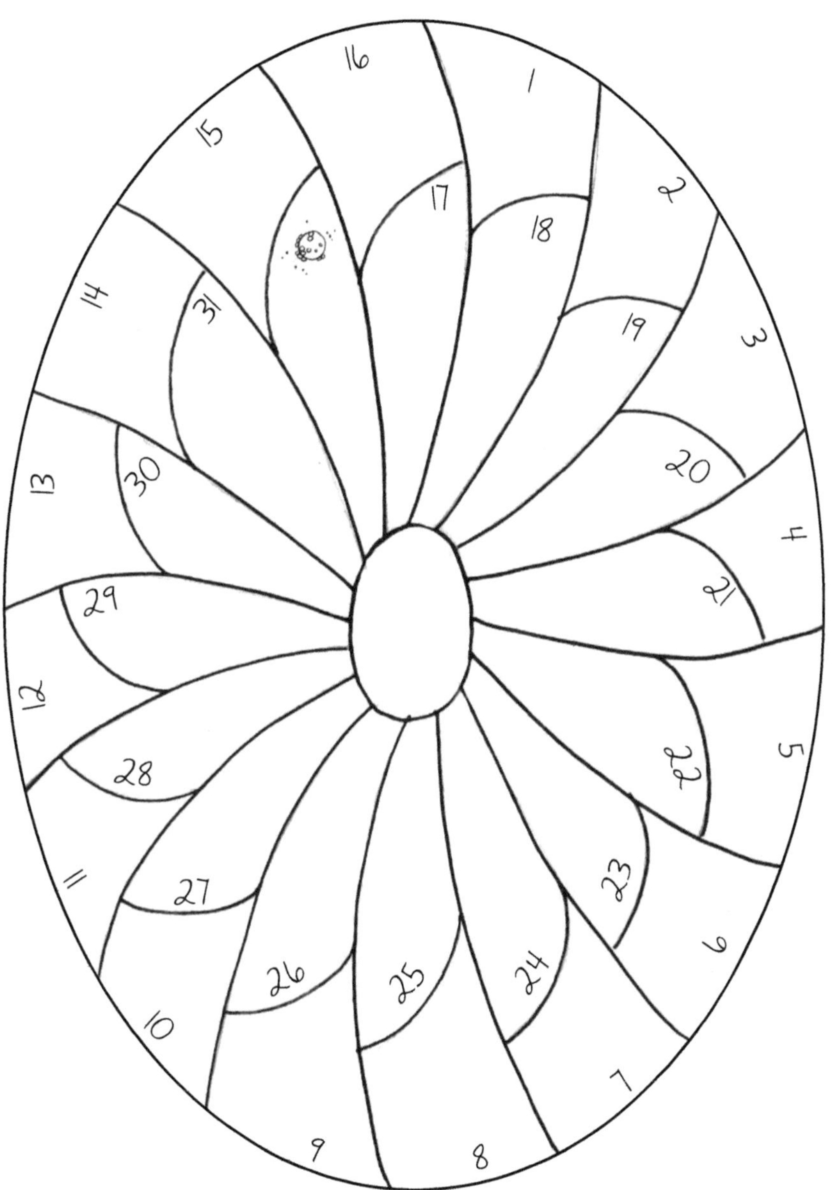
1
2
3
4
5
6
7
8
9
10
11
12
13
14
15
16
17
18
19
20
21
22
23
24
25
26
27
28
29
30
31

6. Gleich und gleich gesellt sich gern

Mädchen bekommen ihre erste Regel meist im Alter von zwölf, dreizehn Jahren.

Manche auch etwas eher oder später. Vielleicht hat eine gute Freundin von dir bereits ihre Regel. Dann könnt ihr euch austauschen und gegenseitig Tipps geben.

Es wird dich sicher beruhigen, wenn deine Freundin erzählt: „Ja, so geht es mir auch" oder „Genau das ist mir auch schon aufgefallen".

Als Entdeckerin bist du jedenfalls nicht allein.

___ . ___ . 20___ bis ___ . ___ . 20___

Monat		1	2	3	4	5	6	7	8	9
10	11	12	13	14	15	16	17	18	19	20
21	22	23	24	25	26	27	28	29	30	31

Abstand zur vergangenen Regel: _____ Tage

Das ist mir aufgefallen: ____________________

So habe ich mich gefühlt: ____________________

Das hat gut geklappt: ____________________

Diesen Tipp würde ich einer Freundin geben: __________

Außerdem: ____________________

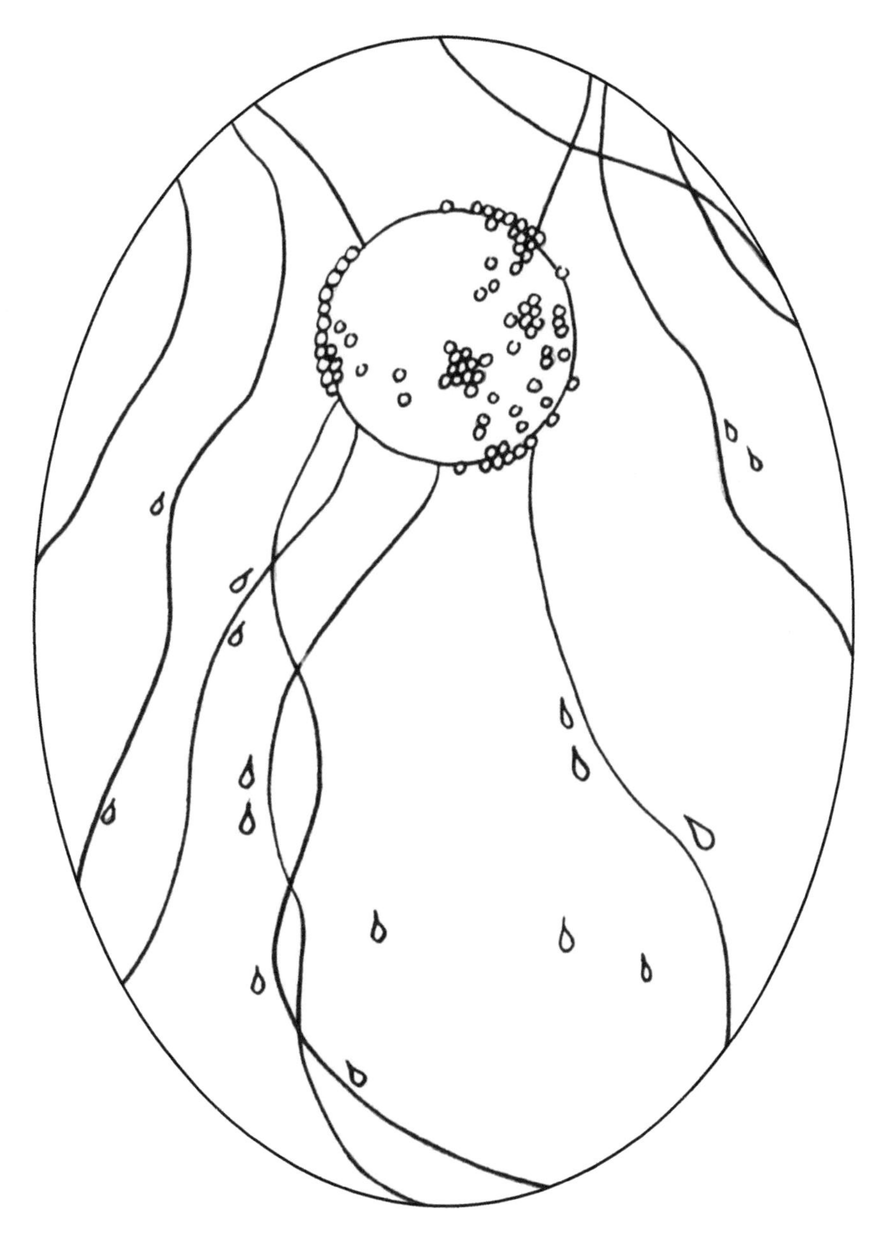

Notizen

für diesen Monat

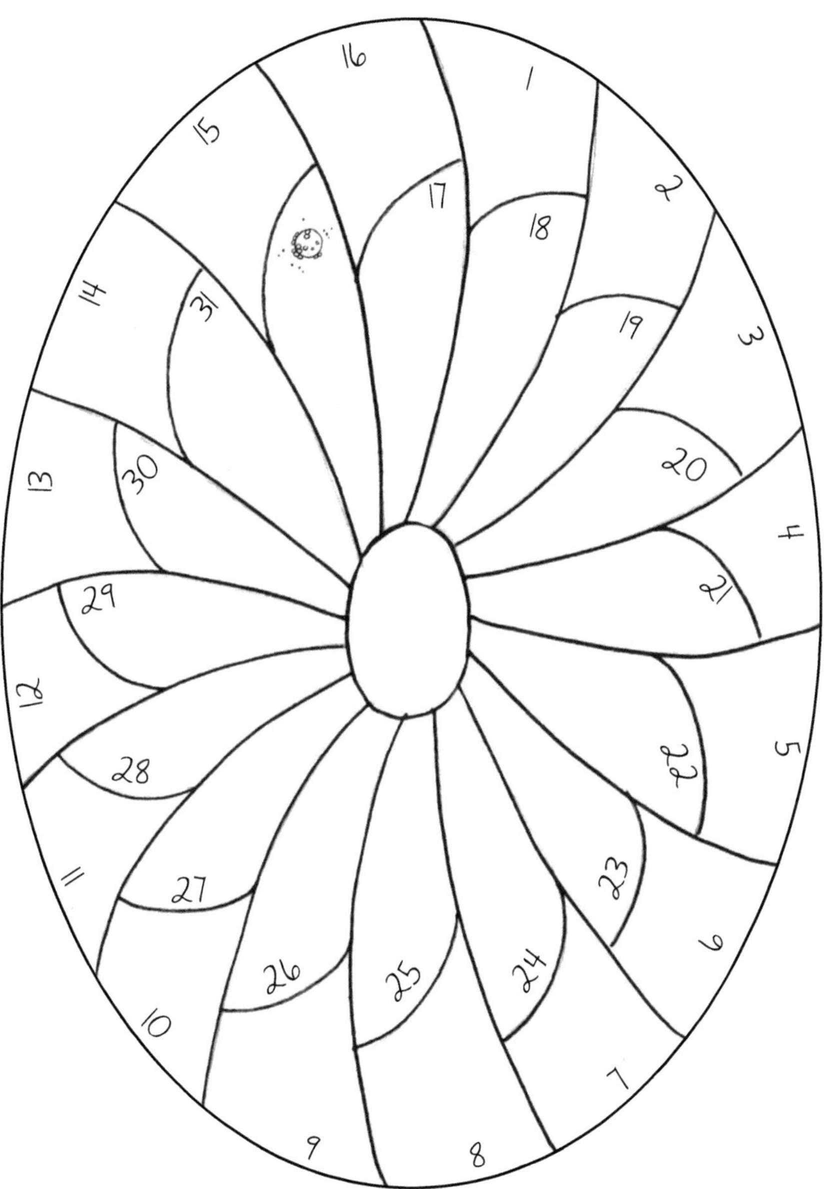
1
2
3
4
5
6
7
8
9
10
11
12
13
14
15
16
17
18
19
20
21
22
23
24
25
26
27
28
29
30
31

7. Probieren geht über Studieren

Nach über einem halben Jahr bist du sicherer geworden.

Daher ist jetzt ein guter Zeitpunkt, noch einmal Neues auszuprobieren: Tampons statt Binden zum Beispiel oder dunkle statt helle Wäsche.

Versuche doch auch einmal die freie Menstruation. Dabei lässt du bewusst einmal pro Stunde alles Regelblut auf der Toilette aus dir fließen. Danach folgt eine etwa einstündige „trockene” Phase.

Das ist praktisch, denn du benötigst weniger Hygiene-Artikel.

___ . ___ . 20___ bis ___ . ___ . 20___

Monat		1	2	3	4	5	6	7	8	9
10	11	12	13	14	15	16	17	18	19	20
21	22	23	24	25	26	27	28	29	30	31

Abstand zur vergangenen Regel: ____ Tage

Das ist mir aufgefallen: ______________________________

____

____

So habe ich mich gefühlt: ______________________________

____

____

Das hat gut geklappt: ______________________________

____

____

Diesen Tipp würde ich einer Freundin geben: ____________

____

Außerdem: ______________________________________

____

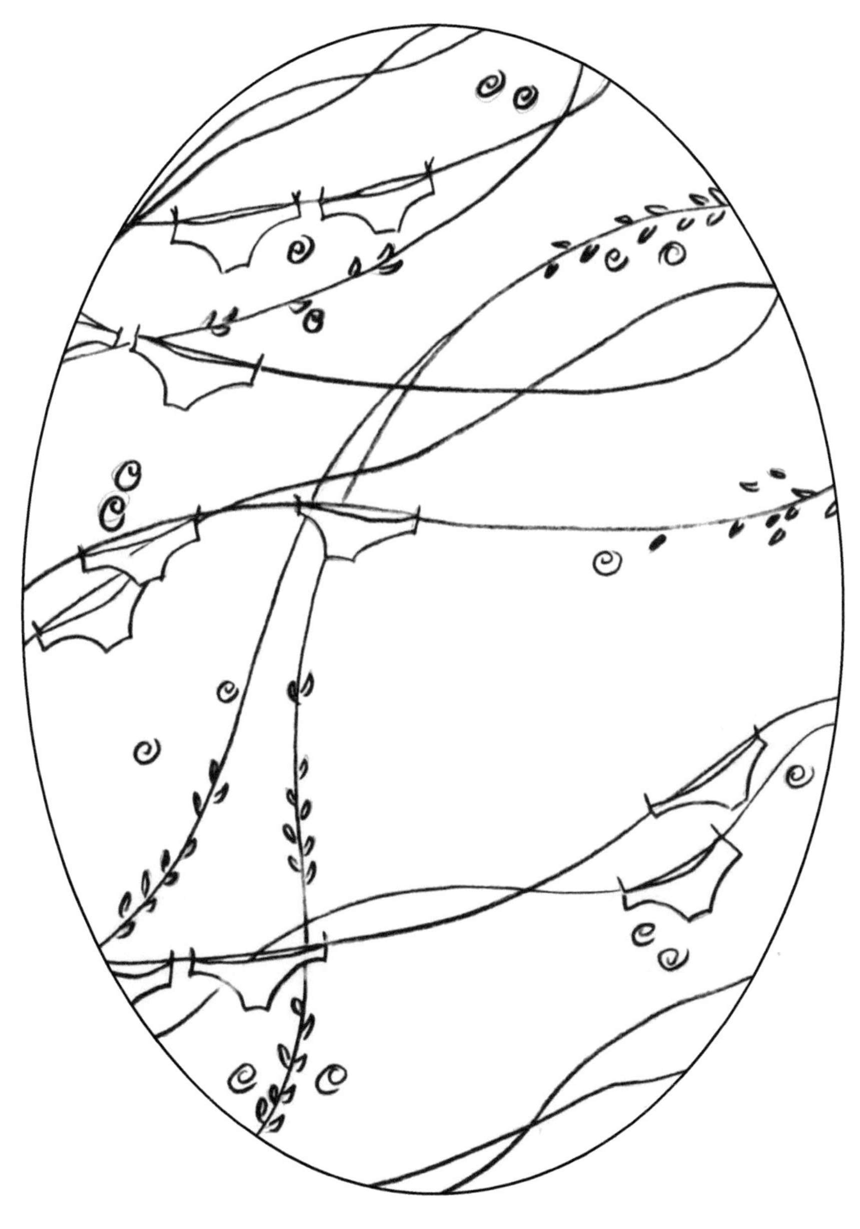

Notizen

für diesen Monat

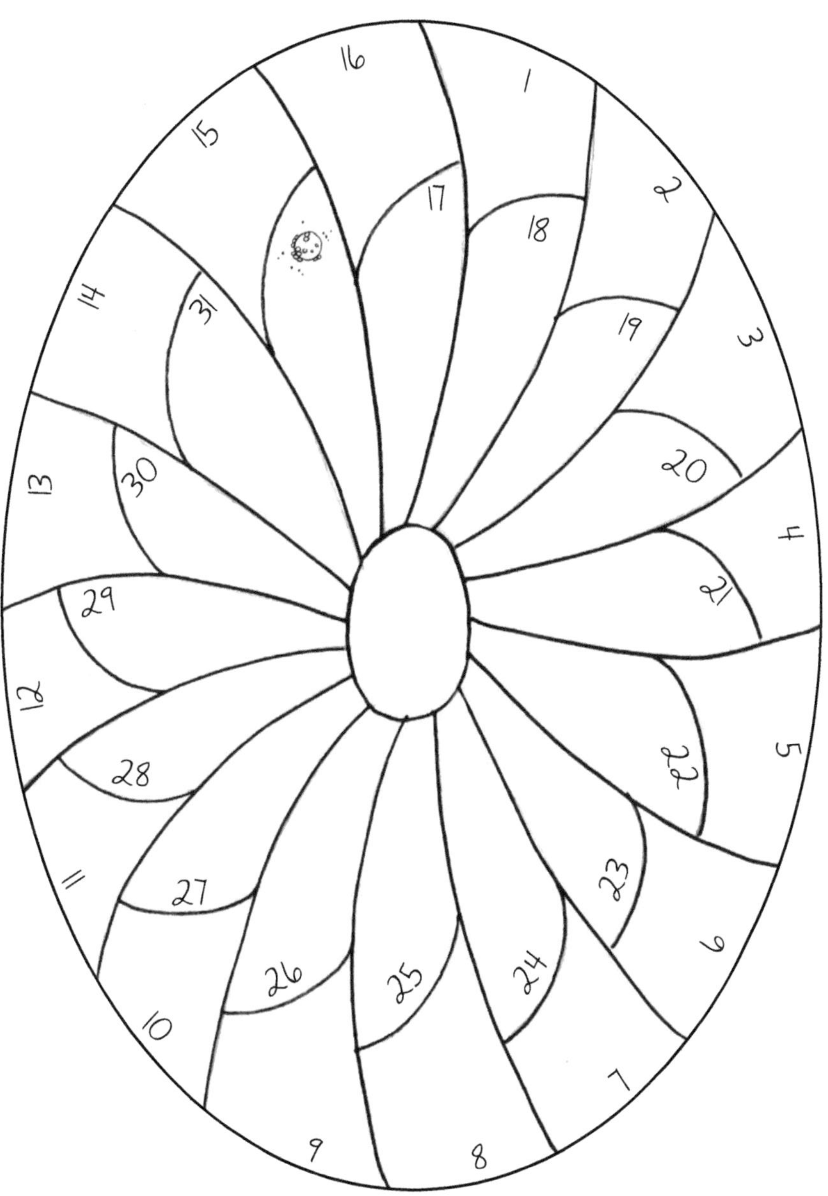
1
2
3
4
5
6
7
8
9
10
11
12
13
14
15
16
17
18
19
20
21
22
23
24
25
26
27
28
29
30
31

8. Morgenstund' hat Gold im Mund

Bei vielen Mädchen und Frauen wirkt sich die Regel auf die Gefühle aus.

Vor der Blutung oder zu Beginn fühlen sie sich innerlich unruhig und vielleicht auch leichter reizbar.

Dafür ist ihre Stimmung zum Ende der Regel oder kurz danach ganz wunderbar, oft richtig beschwingt und fröhlich. Dann singen sie bereits morgens unter der Dusche und sprühen den ganzen Tag nur so vor Energie.

Beobachte einmal, ob es dir ähnlich geht.

___ . ___ . 20___ bis ___ . ___ . 20___

Monat		1	2	3	4	5	6	7	8	9
10	11	12	13	14	15	16	17	18	19	20
21	22	23	24	25	26	27	28	29	30	31

Abstand zur vergangenen Regel: ______ Tage

Das ist mir aufgefallen: ______________________________

____

____

So habe ich mich gefühlt: ______________________________

____

____

Das hat gut geklappt: ______________________________

____

____

Diesen Tipp würde ich einer Freundin geben: ______________

____

Außerdem: ______________________________

____

Notizen

für diesen Monat

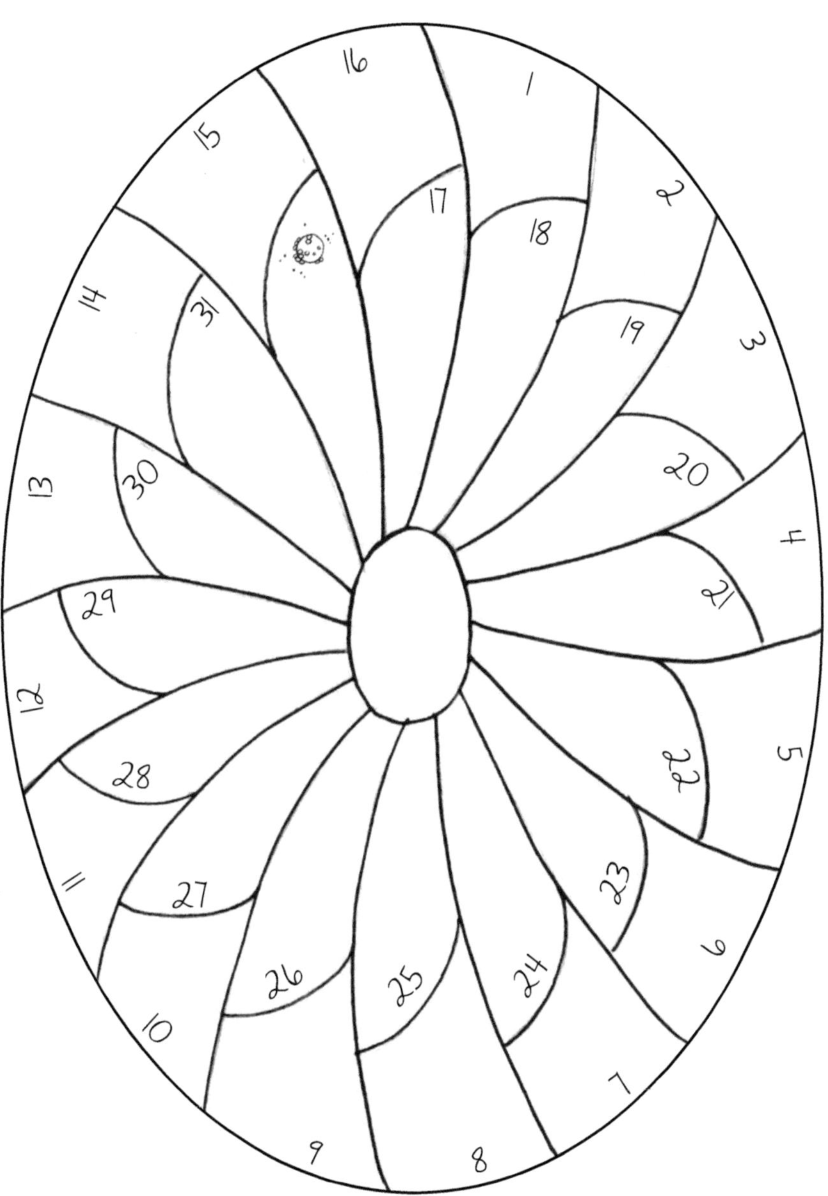
1
2
3
4
5
6
7
8
9
10
11
12
13
14
15
16
17
18
19
20
21
22
23
24
25
26
27
28
29
30
31

9. Frisch gewagt ist halb gewonnen

Junge Mädchen wie du sind meist sehr unternehmungslustig.

Sicher triffst auch du dich gern mit deinen Freundinnen zum Schwatzen, beim Sport oder um zusammen kreativ zu sein.

Lass dich in all diesen Aktivitäten nicht durch deine Regel einschränken. Alles, was du benötigst, kannst du in einer kleinen Tasche mitnehmen.

Vielleicht die Toiletten-Standorte vorher noch kurz überdenken und los geht's!

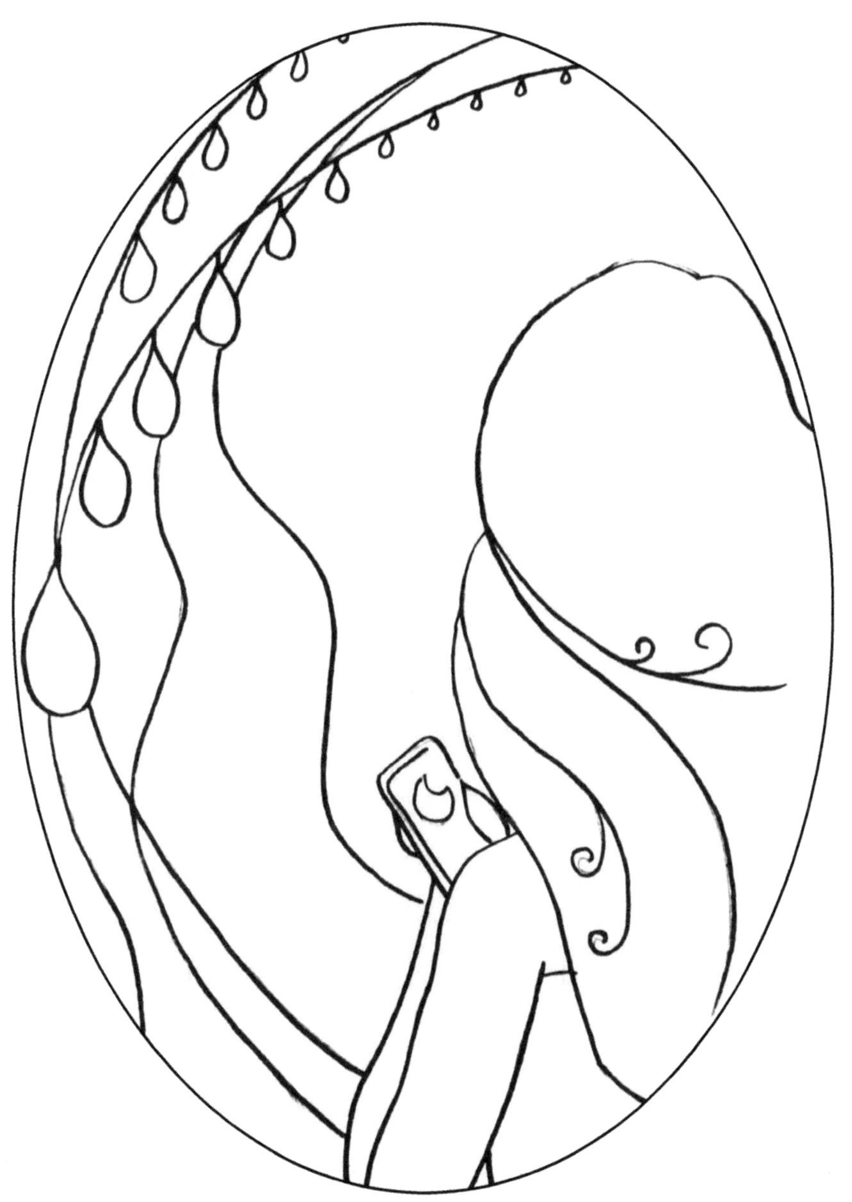

___ . ___ . 20___ bis ___ . ___ . 20___

Monat		1	2	3	4	5	6	7	8	9
10	11	12	13	14	15	16	17	18	19	20
21	22	23	24	25	26	27	28	29	30	31

Abstand zur vergangenen Regel: _____ Tage

Das ist mir aufgefallen: ______________________________

____

____

So habe ich mich gefühlt: _____________________________

____

____

Das hat gut geklappt: _________________________________

____

____

Diesen Tipp würde ich einer Freundin geben: ____________

____

Außerdem: ____

____

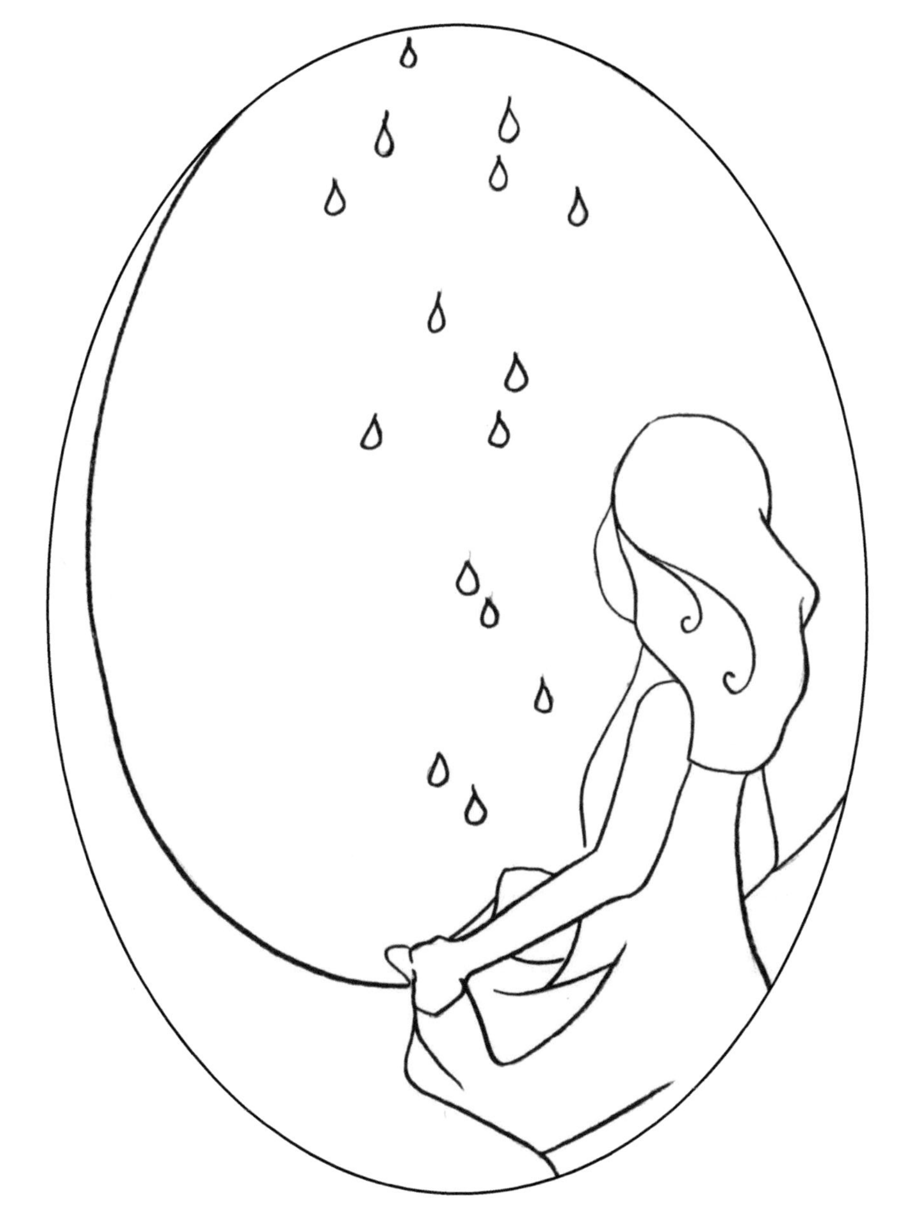

Notizen

für diesen Monat

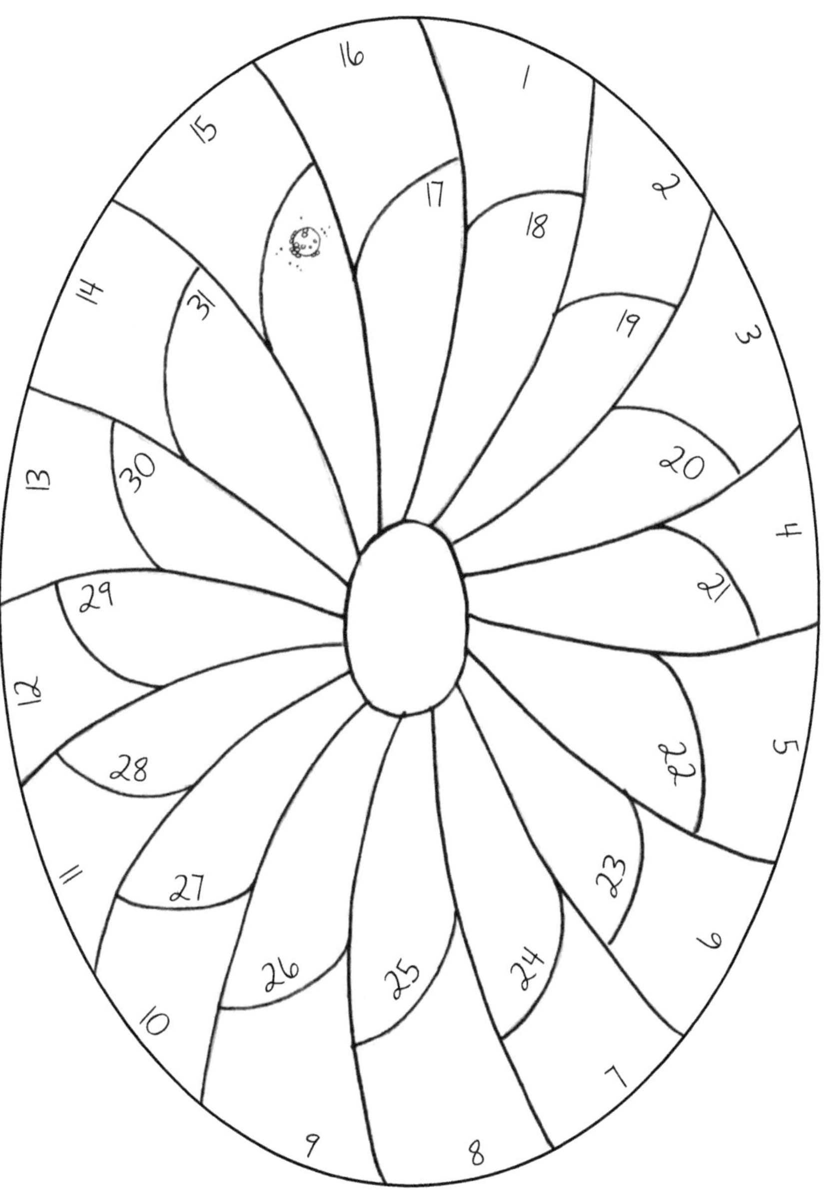

10. In der Ruhe liegt die Kraft

Nun sind bereits einige Monate vergangen und du bist schon ein richtiger Profi.

Vielleicht hast du auch festgestellt: Manchmal zieht es während der Regel in Bauch oder Becken, ähnlich wie Muskelkater.

Vielen Mädchen hilft es, sich mit Wärmekissen und Entkrampfungs-Tee auszuruhen oder ein Entspannungsbad zu nehmen. Auch die freie Menstruation hilft dir dabei, dich zu entspannen. Sei einfach liebevoll und fürsorglich zu dir selbst.

Nur, wenn du starke Schmerzen hast, ist ein Besuch bei der Frauenärztin empfehlenswert.

___ . ___ . 20___ bis ___ . ___ . 20___

Monat		1	2	3	4	5	6	7	8	9
10	11	12	13	14	15	16	17	18	19	20
21	22	23	24	25	26	27	28	29	30	31

Abstand zur vergangenen Regel: _____ Tage

Das ist mir aufgefallen: ______________________________

____

____

So habe ich mich gefühlt: ______________________________

____

____

Das hat gut geklappt: __________________________________

____

____

Diesen Tipp würde ich einer Freundin geben: ____________

____

Außerdem: ____

____

Notizen

für diesen Monat

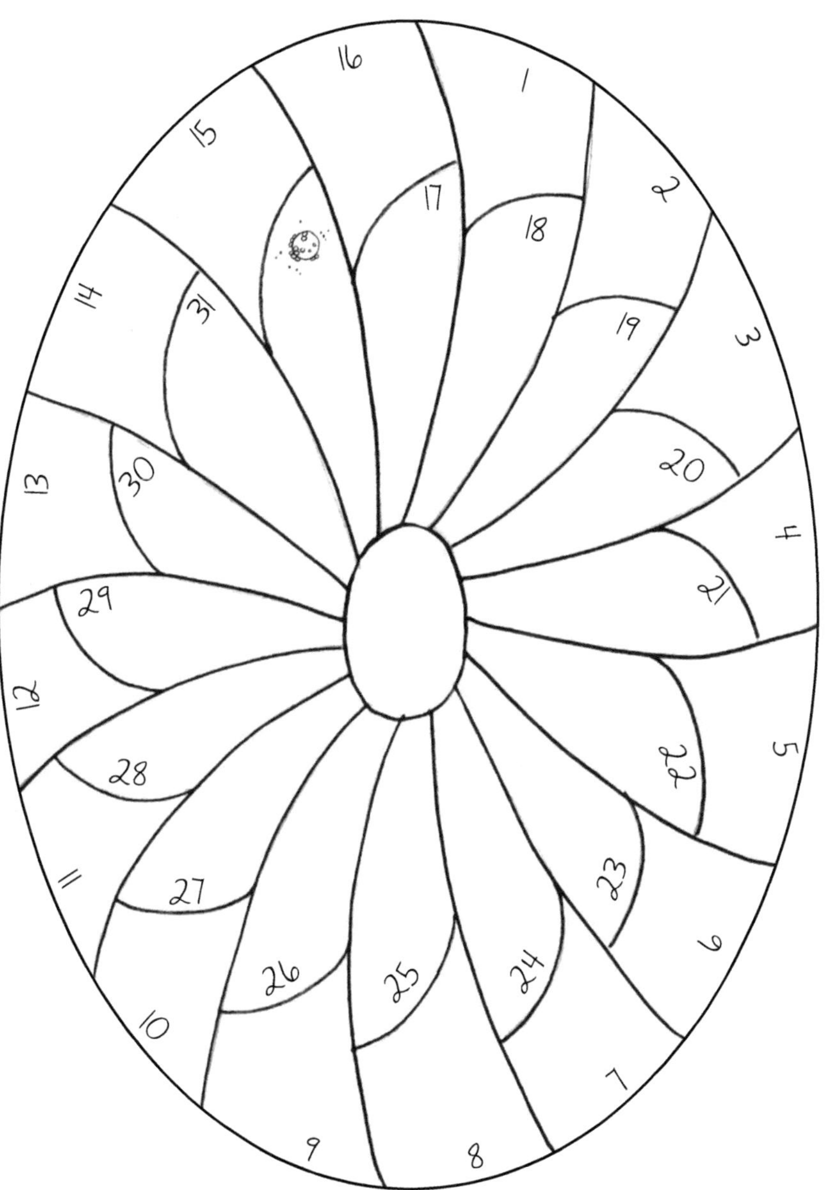

1
2
3
4
5
6
7
8
9
10
11
12
13
14
15
16
17
18
19
20
21
22
23
24
25
26
27
28
29
30
31

11. Stille Wasser sind tief

Wenn du dich an deine Regel gewöhnt hast, wirst du sehr gut mit ihr umgehen können.

Weniger Missgeschicke, mehr Freiheit. Das ist schön. Noch schöner ist es allerdings, sich ab und zu daran zu erinnern, dass die Regel auch eine große Gabe ist. Sie zeigt dir deine Fähigkeit an, Kinder zu bekommen.

Das wird später sehr wichtig für dich sein. Versuche also, sie auch als Geschenk der Natur anzusehen.

Das macht dir vieles leichter.

___ . ___ . 20___ bis ___ . ___ . 20___

Monat		1	2	3	4	5	6	7	8	9
10	11	12	13	14	15	16	17	18	19	20
21	22	23	24	25	26	27	28	29	30	31

Abstand zur vergangenen Regel: _____ Tage

Das ist mir aufgefallen: ______________________________

____

____

So habe ich mich gefühlt: ______________________________

____

____

Das hat gut geklappt: ______________________________

____

____

Diesen Tipp würde ich einer Freundin geben: ______________

____

Außerdem: ______________________________________

____

Notizen

für diesen Monat

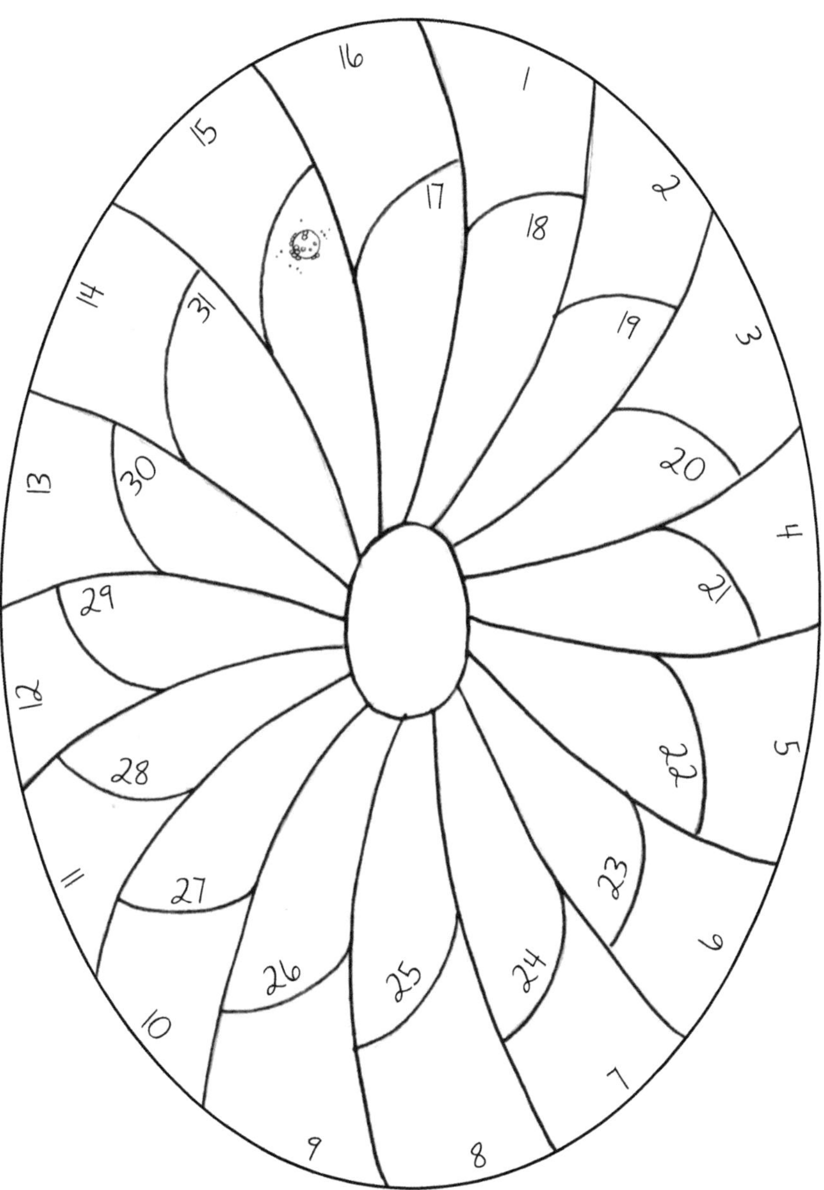
1
2
3
4
5
6
7
8
9
10
11
12
13
14
15
16
17
18
19
20
21
22
23
24
25
26
27
28
29
30
31

12. Man soll die Feste feiern, wie sie fallen

Gratulation an dich: Nun hast du das erste Jahr – oder sogar länger – mit deiner Regel durchlebt.

Du bist zur Frau geworden und hast viel Neues gelernt. Du kannst sehr stolz auf dich sein.

Deine Regel wird dich in den nächsten Jahren und Jahrzehnten begleiten. Sie wird sich mit dir verändern und dich eines Tages auch wieder verlassen. Die erste Zeit mit ihr wird immer etwas Besonderes bleiben.

Ein aufregender Start, an den du dich hoffentlich gern erinnerst.

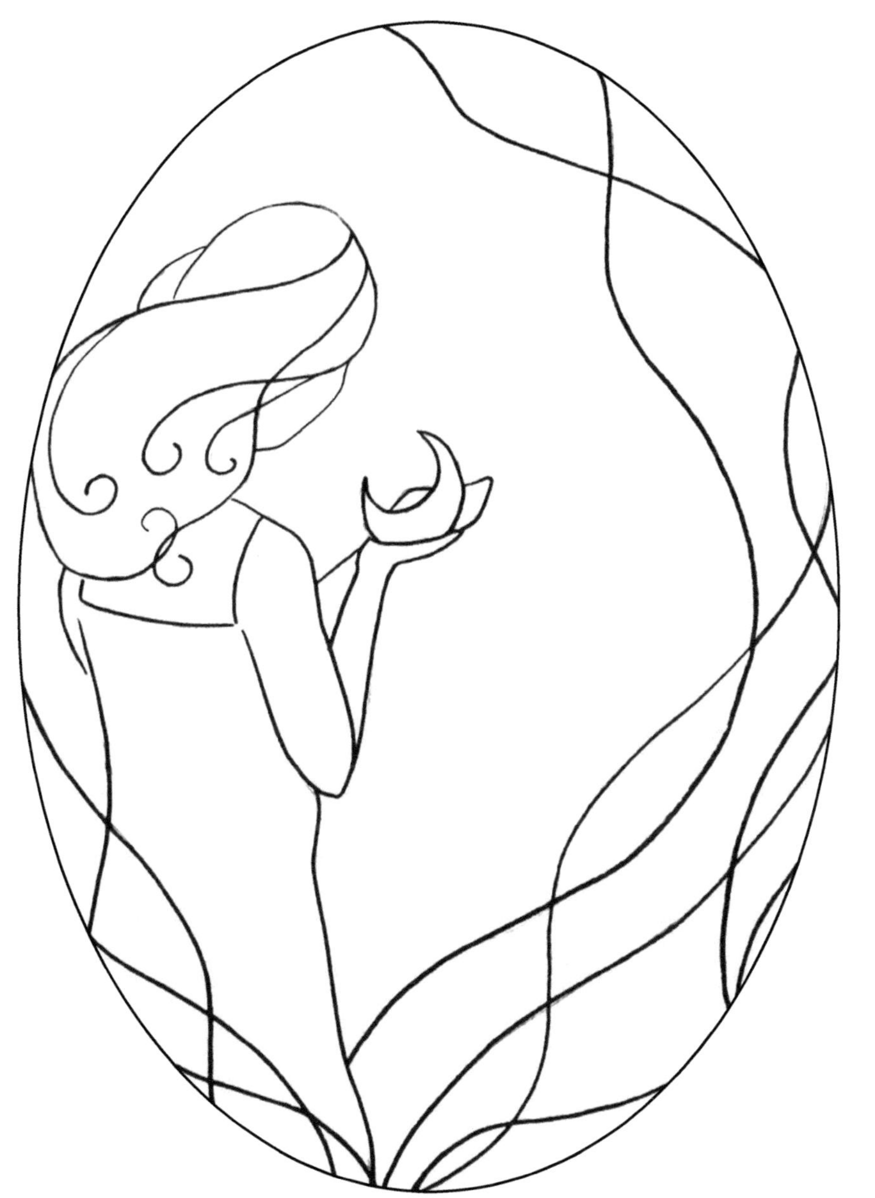

____ . ____ . 20____ bis ____ . ____ . 20____

Monat		1	2	3	4	5	6	7	8	9
10	11	12	13	14	15	16	17	18	19	20
21	22	23	24	25	26	27	28	29	30	31

Abstand zur vergangenen Regel: ______ Tage

Das ist mir aufgefallen: ______________________________

____

____

So habe ich mich gefühlt: ______________________________

____

____

Das hat gut geklappt: ________________________________

____

____

Diesen Tipp würde ich einer Freundin geben: ______________

____

Außerdem: ____

____

Notizen

für diesen Monat

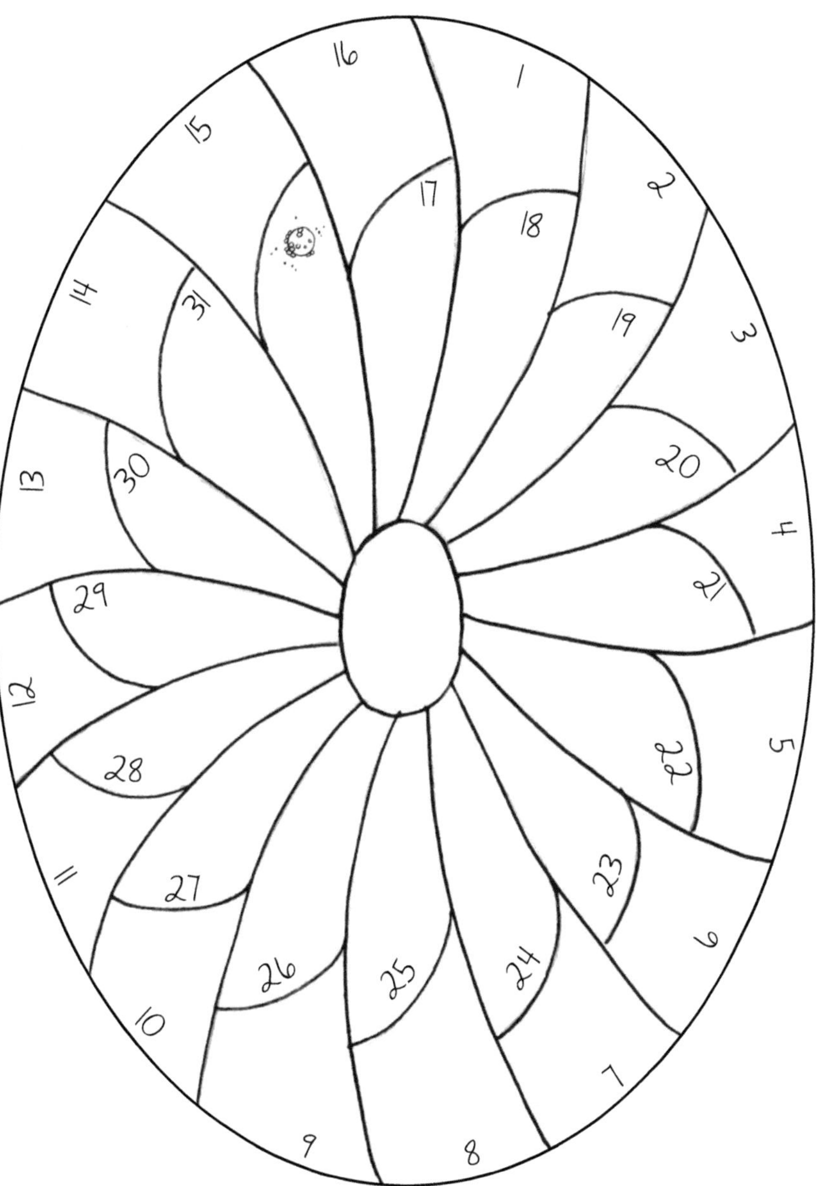
16
1
15
17
18
2
14
31
19
3
13
30
20
4
29
21
12
5
22
28
11
27
23
6
26
25
24
10
7
9
8

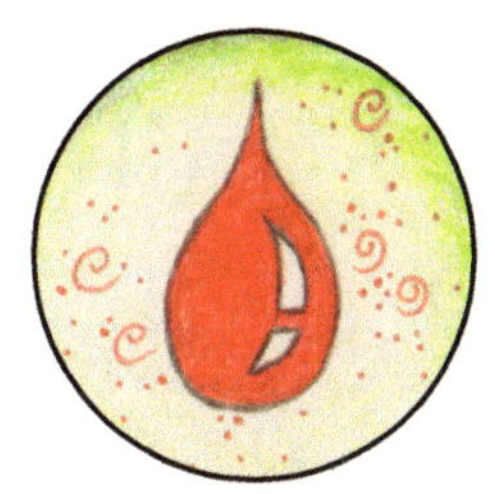

Wie es weitergeht, entscheidest du selbst

Ausblick und Empfehlungen

A) Führe einen Regelkalender.

Er sollte mindestens den Zeitpunkt deiner Regel sowie ihre Stärke beinhalten.

Außerdem Besonderheiten, die dir eventuell aufgefallen sind. Du kannst einen Kalender selbst gestalten, eine App nutzen oder auf vorgedruckte Varianten in Kalender- oder Buchform zurückgreifen.

Grundsätzlich gilt: Wenn du deine Regel ausführlicher dokumentierst, lernst du auch mehr über dich und deinen Körper.

Buchempfehlung:

„Alle meine Tage – Menstruationskalender“

von Caroline Oblasser

B) Versuche die freie Mens als Ferienprojekt.

Die nächsten Monate mit deiner Regel bleiben eine Zeit des Ausprobierens.

Das ist auch gut so, denn nur so findest du für dich die passenden Lösungen. Eine gute Zeit für neue Versuche werden die Wochenenden oder auch Ferien sein, dann kannst du dir deine Zeit selbst einteilen.

Die freie Menstruation ohne Binden, Tampons und andere Menstruationsprodukte, nur mit etwas Toilettenpapier nach dem natürlichen Ablassen der Mens-Flüssigkeit, könnte zum Beispiel solch ein Ferien-Versuch sein.

Mit etwas Übung wird dir diese Methode den Alltag sehr erleichtern und mögliche Regelschmerzen nehmen.

Buchempfehlung:

„Regelschmerz ade! Die freie Menstruation: Methode ohne Binden, Tampons und Co"

von Caroline Oblasser

C) Unterstütze Freundinnen auf ihrem Weg.

Unter deinen Freundinnen gibt es sicher einige Mädchen, bei denen die Regel noch nicht eingetroffen ist.

Manche wissen bereits gut Bescheid über das, was sie erwartet. Andere sind vielleicht nicht so gut informiert und haben noch viele Fragen oder sogar Ängste. Sie freuen sich gewiss sehr, wenn du ein wenig über deine Erfahrungen erzählst.

Auch Internetseiten oder Bücher, die dir selbst gefallen haben, sind ein guter Tipp.

Buchempfehlung:

„Vom Mädchen zur Frau –
Ein märchenhaftes Bilderbuch für alle
Mädchen, die ihren Körper neu entdecken"
von Nicole Schäufler

Wunsch-Ecke

für die Zukunft

Bibliografische Information der Deutschen Nationalbibliothek
Die Deutsche Nationalbibliothek verzeichnet diese Publikation in der Deutschen Nationalbibliografie; detaillierte bibliografische Daten sind im Internet über http://dnb.d-nb.de abrufbar.

1. Auflage April 2017
© 2017 edition riedenburg
Verlagsanschrift Anton-Hochmuth-Straße 8
5020 Salzburg, Österreich
Internet www.editionriedenburg.at
E-Mail verlag@editionriedenburg.at

Lektorat Dr. phil. Heike Wolter, Regensburg
Satz und Layout edition riedenburg
Herstellung Books on Demand GmbH, Norderstedt

ISBN 978-3-903085-59-6